AF585994

LA PRISONNIÈRE,

COMÉDIE

EN UN ACTE ET EN PROSE,

MÊLÉE D'ARIETTES,

Représentée le 26 fructidor an 7, sur le Théâtre Montansier.

(le 12 septembre 1799.)

Paroles des CC. Jouy, Longchamp et S.-Just

Musique des CC. Boyeldieu et Cherubini.

Prix 1 franc 20 centimes.

A PARIS,

Chez BARBA { Quai Conti, au petit Dunkerque.
Palais Egalité, galerie derrière le théâtre de la République, N° 51.

AN VIII.

PERSONNAGES.

GUSTAVE.

EMMA.

ENNERICK, Officier vétéran, gardien du fort d'Ekinbourg.

POLLY, Filleule d'Ennerick.

NIGOLO.

La Scène se passe au Fort d'Ekinbourg, en Dannemarck.

LA PRISONNIÈRE.

Le théâtre représente une grande salle d'un vieux château fort, une porte à guichet dans le fond ; une fenêtre grillée, à gauche, avec un barreau rompu ; une porte à droite ; sur une table, plus haut que la croisée, deux chandelles et une lanterne allumées.

SCÈNE PREMIÈRE.

NIGOLO, POLLY.

(*Nigolo sort de la chambre, Polly dispose des siéges*).

NIGOLO.

V'LA qu'est prêt là-dedans.

POLLY.

Et moi, voilà ma chambre de conseil préparée : le grand fauteuil pour mon parrain, et deux chaises pour nous.

NIGOLO.

Pourquoi as-tu déja allumé ces bougies ?

POLLY.

Tu sais bien qu'on ne voit pas clair ici à quatre heures.

NIGOLO.

Ah ! c'est vrai. Maintenant, qu'on vienne ou qu'on ne vienne pas, je m'en lave les mains comme de l'an quarante.

POLLY.

Mais es-tu bien sûr qu'on attende quelqu'un ?

NIGOLO.

Oh ! mon dieu ! non, je n'en suis pas sûr ; c'est un autre qui en est sûr pour moi : j'ai été procréé adjudant-major du château pour des prunes ; je ne dois pas savoir ce qui s'y passe.

POLLY.

Allons, ne te fâche pas, Nigolo.

NIGOLO.

Mais, c'est qu'aussi tu n'as pas de considération pour mon grade ; c'est ce qui me fait bisquer.

POLLY.

Mon parrain et toi, vous me faites rire avec vos grades; on lui a donné, pour sa retraite, la garde d'une vieille citadelle qui sert de prison, et il a la manie de se croire gouverneur au lieu de concierge; comme il t'appelle adjudant au lieu de porte-clef; et moi donc, n'ai-je pas aussi ma dignité? ne suis-je pas lesecrétaire général du conseil?

NIGOLO.

Eh bien, voilà ce qui me vexe, par exemple. Je t'aime sûrement bien, puisque je vas t'épouser à la première rencontre; mais çà ne m'empêche pas de dire que les femmes sont faites pour voguer aux affaires du ménage, et pas du tout à celles d'Etat: ce n'est pas là leur district.

POLLY.

Belles affaires d'Etat, ma foi! quelques prisonniers qu'on envoie par-ci, par-là, quand on veut bien qu'ils s'échappent encore; et puis d'ailleurs, si peu de lettres que vous recevicz, encore faut-il que je les lise, et que j'y réponde, puisque mon parrain est presque aveugle, et que tu ne sais pas écrire.

NIGOLO.

Je ne sais pas écrire? et la lettre que tu as reçue de moi, dans mon dernier voyage?

POLLY.

Jolie lettre! pas un mot d'orthographe!

NIGOLO.

Ah! pardi! de l'orthographe avec une mauvaise plume d'auberge!

POLLY.

Ah! du moment que la plume ne valoit rien, c'est tout simple.

NIGOLO.

Sois sûre que si j'avois été poursuivi dans mes études, j'aurois été loin; mais on m'a fait quitter mes classes, dès que j'ai su épeler.

POLLY.

On a bien fait: Il vaut encore mieux être une bête toute simple, qu'une bête savante.

NIGOLO.

Tu veux me mettre en colère, ça ne prendra pas aujourd'hui; je suis monté sur l'amour; parlons-en un peu: tu m'aimes bien, pas vrai?

POLLY.

Il le faut bien, puisqu'il n'y a que toi qui ne sois pas invalide ici.

NIGOLO.

Ah! c'est bien vrai qu'il n'y a pas de choix: nous vivons ici comme des hiboux; aussi je suis bien sûr de ta main comme ça.

POLLY.

Mais le seras-tu de mon cœur?

COUPLETS.

Seule à vos yeux, dans un jardin,
Losqu'une rose se présente,
Le choix ne peut être incertain;
Faute de mieux, on s'en contente:
Mais que mille brillantes fleurs
S'offrent à vous dans un parterre,
On veut en comparer plusieurs,
Pour savoir celle qu'on préfère.

NIGOLO.

Eh bien! qu'est-ce que ça dit, ça, mamzelle?

POLLY.

Même air.

Quand un seul objet, chaque jour,
Nous voit et nous dit qu'il nous aime,
On l'écoute parler d'amour,
Sans être sûr d'aimer soi-même:
Mais que, jaloux de nos faveurs,
Vingt rivaux cherchent à nous plaire,
Il faut en écouter plusieurs
Pour savoir celui qu'on préfère.

NIGOLO.

Tout ce que tu dis-là est fort joli... mais ça n'empêche pas que je ne veux pas que t'en écoutes d'autres; je veux être le seul, et qu'on me préfère: ça finit là.

POLLY.

A la bonne heure : mais, à propos, as-tu pensé à faire raccommoder le barreau de cette fenêtre ?

NIGOLO, *avec suffisance.*

Oui, Mamzelle, oui, soyez tranquille ; le serrurier va venir, rien ne m'échappe. Oh ! pour la présence d'esprit, je vaux mon poids d'or.

POLLY.

On monte ; je crois que c'est le gouverneur.

NIGOLO.

Parbleu ! à son pas précipité, comment s'y méprendre !

SCÈNE II.

Les Précédens, ENNERICK.

ENNERICK, *arrivant très-doucement.*

Les grands emplois sont quelquefois bien à charge ! il faudroit un corps de fer pour y tenir. Le jour, la nuit, ça ne finit pas. Encore si j'avois quelqu'un sur qui me reposer !

POLLY.

Pour qui me prenez-vous donc, moi, le secrétaire de vos commandemens ?

NIGOLO.

Et moi, votre adjudant-major ?

ENNERICK.

Vous êtes de bons enfans, qui faites le service de votre mieux ; mais ce n'est pas sur vous que tout roule ici. Vous n'avez pas de responsabilité.... Si je n'avois pas les yeux par-tout.

POLLY, *à part.*

Il n'y voit goutte.

ENNERICK, *s'asseyant.*

Si je n'étois pas toujours sur pied....

NIGOLO, *à part.*

Il ne peut plus s'y tenir.

ENNERICK.

Dieu sait comme tout iroit ! Mais assoyez-vous, et parlons d'affaires. J'ai à vous consulter sur un objet de la plus haute importance ; chacun à son tour donnera son avis.

NIGOLO.

Voici le mien : d'abord....

ENNERICK.

Mais écoute donc de quoi il s'agit, avant de parler. Le major Christiern, sous qui j'ai servi, et à qui je dois la place que j'occupe, me presse vivement de recevoir et de garder ici, jusqu'à nouvel ordre, une jeune veuve dont son neveu Gustave est fort épris.

NIGOLO.

Eh bien, qu'il l'épouse : c'est mon avis, à moi.

ENNERICK.

Eh ! c'est justement ce que le major veut empêcher, imbécille ! Il voudroit que ce neveu, qui doit être fort riche, épousât sa fille ; et, pour cela faire, il cherche les moyens d'éloigner la veuve.

POLLY.

Mais les parens de la dame ?

NIGOLO.

Oui, les parens de la dame ?

ENNERICK.

Elle n'avoit qu'un oncle, nouvellement arrivé de Copenhague avec elle, et qui vient de mourir subitement dans la ville voisine, où réside le major.

NIGOLO.

Entendons-nous un peu : vous avez dit d'abord que le major envoyoit ici sa veuve ; puis vous dites qu'il est mort : faut être conséquent avec moi. Est-il mort ? ne l'est-il pas ?

POLLY.

Mais, étourdi, ce n'est pas l'oncle du jeune homme, qui est mort ; c'est l'oncle de la veuve.

NIGOLO.

Ah ! c'est l'oncle de la veuve ! et son mari est mort aussi à la veuve ?

POLLY.

Apparemment.

NIGOLO.

C'étoit bon à savoir. Maintenant, continuez.

ENNERICK.

Eh bien !... le major Christiern a donc pris le parti de faire secrettement enlever la dame ; et il voudroit que je la tînsse ici, comme prisonnière, jusqu'au mariage de sa fille avec son neveu. A présent, je vous demande ce que vous feriez à ma place.

NIGOLO.

Hem ! ma foi,...... c'est embarrassant.

POLLY.

Mon avis, à moi, est que mon parrain, en la recevant, se se rend complice d'une arrestation illégale.

NIGOLO.

Tu répèees, mot pour mot, ce que j'allois dire ; mais c'est égal ; c'est ça.

ENNERICK.

C'est aussi ce que j'ai pensé d'abord ; mais, d'un autre côté, si je refuse le major.... Je lui dois ma place ; il est violent, et.....

NIGOLO.

C'est pour cela que je vous soutiens qu'il faut la recevoir ; car, pour peu que vous ne la receviez pas, le major vous gardera une dent qui ne sera pas de paille.

ENNERICK.

Mais il y a une autre considération : voilà la guerre ; on parle de rétablir cette forteresse ; et, d'un jour à l'autre, il peut m'arriver un successeur : s'il trouvoit cette dame ?

NIGOLO.

Raison de plus pour ne pas la recevoir, comme je vous disois.

ENNERICK.

C'est le parti le plus sage ; mais je crains de n'être pas le maître de le suivre. Je connois le major ; il m'aura cru trop heureux de pouvoir lui être utile ; et, pendant que nou délibérons, pour savoir si nous recevrons cette prisonnière je gage qu'elle est au moment d'arriver dans ce château. Ainsi, toutes réfléxions faites, il est inutile de continuer plus long-tems la discussion.

NIGOLO.

Eh bien ! voilà des choses qui sont d'un révoltant que je ne digère pas. Vous me demandez notre avis ; je me tue à vous faire peser le contre et le pour : bernique, voilà mes discours au croc ; (*à part*) mais ça ne sera pas perdu, je les placerai ailleurs.

ENNERICK.

Enfin, c'est fait. Maintenant, puisqu'il est possible qu'elle arrive, il faut du moins la bien garder.

NIGOLO.

Vous me connoissez !.....

ENNERICK.

Et ce maréchal-des-logis que tu as laissé échapper si lestement, la semaine dernière ?

NIGOLO.

Vous allez voir que c'est ma faute ! il me demande la permission de descendre dans le fossé, pour pêcher des tanches ; et il fouine pendant que je vais lui chercher de l'asticot. C'est bien sorcier.

ENNERICK.

Le major m'a prévenu que nous aurions affaire à la plus fine espiègle !.....

NIGOLO.

En fait d'espiéglerie, ce n'est pas à moi qu'on en revend... Allez, laissez-la venir seulement... Je ne vous dis que ça.

POLLY.

Il faut aussi nous défier de l'amoureux : les amans sont biens fins !

NIGOLO.

Je me défie de tout le monde, Mamzelle, et de vous la première.

POLLY.

Il est honnête.

ENNERICK.

J'ai quelques ordres à donner ; je me retire. Si, par

hazard, cette jeune femme arrivoit, tu viendrois m'avertir. (*Il sort*).

POLLY.

Je n'y manquerai pas.

NIGOLO, *prenant sa lanterne.*

Moi, je vais faire ma ronde-major. (*Il sort*).

SCÈNE III.

POLLY, *seule.*

Quelle idée d'enfermer une jeune femme, pour la punir de plaire mieux qu'une autre ! c'est un mauvais moyen pour faire aimer sa rivale.

Air.

Quand l'amour, de notre ame,
Devient maître une fois,
On n'éteint pas sa flamme
Par de sévères loix.
De l'amant qu'on me donne,
Je puis me séparer ;
S'il faut qu'on me l'ordonne,
Je vais le préférer ;
S'il faut qu'on m'emprisonne,
Ah ! je vais l'adorer.

Quand l'amour, etc.

Vers la plaine, entraînée,
L'eau coule avec lenteur,
Et l'onde emprisonnée,
S'échappe avec fureur.

J'entends une voiture, je crois... Si c'étoit... D'après ce que m'a dit le gouverneur, cela ne m'étonneroit pas.

SCÈNE IV.

POLLY, NIGOLO *au bas de l'escalier.*

NIGOLO.

Polly ? hé ? Polly ?

POLLY.

Eh bien ?

NIGOLO, *toujours en bas.*

V'là cette dame ; éclaire-la un peu, et montre-lui sa chambre, tandis que je vais conduire M. l'exempt au gouverneur.

POLLY, *éclairant.*

Par ici, madame : prenez garde ; l'escalier n'est pas commode.

SCÈNE V.

EMMA, *voilée* ; POLLY.

EMMA.

C'EST ici qu'on me loge ?

POLLY.

Oui, madame : voilà votre chambre ; vous pouvez aussi disposer de cette pièce ; la vue en est agréable ; elle donne sur la grande route.

EMMA, *relevant son voile.*

Eh bien ! ce n'est pas si mal pour une prison ; je m'en faisois une toute autre idée : et je ne me serois, sur-tout, pas attendue à y trouver une aussi jolie personne. Cette figure-là est de bon augure.

POLLY.

Madame a bien de la bonté.

EMMA.

Qui êtes-vous, ma petite amie ?

POLLY.

Je suis la filleule du vétéran à qui la garde de ce petit fort est confiée.

EMMA.

Vous vous nommez ?

POLLY.

Polly, madame, pour vous servir.

EMMA.

Voudriez-vous, ma chère Polly, vous charger de me faire apporter ici mon petit bagage ? Il n'est pas très-considérable ; car mes honnêtes conducteurs ne m'ont pas accordé beaucoup de tems pour mes préparatifs.

SCÈNE VI.

EMMA, *seule.*

JE voudrois bien savoir à qui j'ai l'obligation du petit voyage impromptu, qu'on vient de me faire faire... C'est sûrement un tour du major Christiern, qui, voyant mon oncle mort, aura obtenu un ordre pour me faire conduire ici. Ce que c'est que les événemens de ce monde ! J'ai, pour aujourd'hui, la plus délicieuse partie de campagne; j'attends ma société; je suis au moment de monter un cheval charmant; point du tout : je vois entrer deux gardes qui m'ordonnent de les suivre. Je n'ai que le tems de jetter une robe sur mon costume d'écuyer, de saisir, à tout événement, le porte-feuille de mon oncle; on me fait monter en voiture, et me voici. Qu'est-ce que Gustave va penser de ma fuite ?.... Si je ne me défiois pas autant de mon imagination qui me le montre par-tout, je parierois l'avoir vu sur la route, et tout à l'heure, encore, avant d'entrer dans ce château.... Mais c'est impossible ! .... Il étoit absent depuis huit jours... Je ne suis toujours pas fâchée que cette croisée donne sur le chemin (*elle s'approche de la croisée*). Bon dieu ! que cette vue est triste ! Mais.. non... je ne me trompe pas; c'est lui... Il ne regarde pas de ce côté... Appeller ! on peut m'entendre... Chantons; il reconnoîtra ma voix. Prenons un peu le ton lamentable; il sied assez mal à mon caractère; mais il convient à ma situation.

ROMANCE.

C'est ici la prison funeste,
Où, sans temoins, je vais gémir,
Si le ciel, que ma voix atteste,
Ne daigne enfin me secourir.
En vain, à ma triste pensée
S'offre l'espoir consolateur !
Ah ! l'innocence délaissée
Ne trouve plus de protecteur.

GUSTAVE, *sous la fenêtre.*

Console-toi, belle captive,
Gustave sera ton appui :
Les accens de ta voix plaintive
Sont parvenus jusques à lui.

(*Nigolo entre, quitte doucement la valise, et se glisse sous la table*).

Bannis une triste pensée ;
Ta cause est celle de mon cœur.
De l'innocence délaissée,
L'amour sera le protecteur.

SCÈNE VII.

EMMA, NIGOLO, GUSTAVE *en dehors.*

EMMA.

CHER Gustave ! je n'espère qu'en vous.

NIGOLO, *à part.*

Ah ! c'est l'amoureux ! écoutons.

GUSTAVE.

N'y a-t-il personne dans l'appartement où vous êtes ?

EMMA, *ayant regardé.*

Non, personne ; parlez.

NIGOLO, *sous la table, à part, se retenant pour ne pas rire.*

Non, personne n'écoute ; c'est le chat.

GUSTAVE, *dehors.*

Tandis que je chercherai, en dehors, le côté le plus accessible de votre prison, informez-vous dans l'intérieur ; il vous sera facile, m'a-t-on dit, de faire jaser une espèce d'adjudant imbécille.

NIGOLO, *furieux, allant à la croisée.*

Imbécille vous-même, entendez-vous ?

EMMA.

Ah !

NIGOLO, *à la fenêtre.*

L'imbécille a votre secret... Je vous guignois, moi, là.... Vous cherchez des côtés foibles ?.... Vous avez, peut-être, déja reluqué cette fenêtre ? il y a un barreau cassé ; mais c'est dommage que nous attendions le serrurier qui va le remettre, et que je vas mettre un factionnaire dessous... Çà vous défrise, ça, tous les deux ; mais j'en suis fâché... Cherche des côtés foibles ; va... cherche ; cherche. (*Il sort*).

SCÈNE VIII.

EMMA, *seule*.

VOILA déjà la mine éventée. Que je suis mal-adroite ! (*Elle va à la fenêtre*). Où donc Gustave court-il si fort?... En attendant, comme je ne sais pas quand je sortirai d'ici, voyons un peu quelles sont mes ressources pour y vivre. (*Elle cherche dans le porte-feuille*) Ah ! ah ! il recevoit encore des billets doux, le cher oncle ! j'aimerois mieux en trouver au porteur... Voilà, je crois, la lettre importante, au reçu de laquelle il vouloit partir, tout malade qu'il étoit. (*Elle l'ouvre*). C'est du ministre. (*Elle lit*). « Vu les bons » et loyaux services de Frédérick Encastern, nous le nom- » mons, par ces présentes, gouverneur de la citadelle » d'Eklimbourg ». C'est probablement quelque forteresse où j'étois destinée à le suivre. Mais ne trouverai-je donc point de billets de banque ?... Ah ! j'en découvre, enfin ! bon ! c'est assez. Débarrassons-nous de cet uniforme ; c'est celui de mon cher Gustave. (*En entrant dans sa chambre*). Le joli boudoir ! (*Sortant en habit d'homme*). Etourdie ! avant de quitter les habits d'homme, prenons au moins de quoi les remplacer. (*Elle met sa valise sur le fauteuil*).

SCÈNE IX.

EMMA, NIGOLO.

NIGOLO, *sans voir Emma*.

BON ! voilà l'expédition faite, et l'amoureux est bien lo s'il court toujours. Je lui ai donné là une fière vene (*Voyant Emma*). Ah ! mon Dieu !

EMMA.

Quoi donc ?

NIGOLO.

Est-ce que c'est vous, donc, que je vois-là ?

EMMA.

Eh ! sûrement, c'est moi.

NIGOLO.

Pardine ! je voudrois bien savoir... Comment vous trouvez-vous ici ?

EMMA.

Ma foi ! pas trop bien.

NIGOLO.

Enfin, c'est bien vous que j'ai vu courir, tout-à-l'heure, sur le grand chemin, en uniforme d'écarlate rouge ?

EMMA, *à part.*

Il me prend pour Gustave ; amusons-nous du sot. (*Haut*). Vous me reconnoissez donc ?

NIGOLO.

Oh ! sûrement, quoiqu'il fît un peu noir dehors.

EMMA.

Eh bien, si vous me reconnoissez, il faut bien que ce soit moi.

NIGOLO.

A la bonne heure. Mais commencez toujours par me suivre chez le gouverneur.

EMMA.

Non pas ; je reste ici.

NIGOLO.

Avec notre prisonnière ?

EMMA.

Sans doute : je compte bien que nous n'aurons qu'une même chambre.

NIGOLO.

Oh ! je dis, c'est trop fort. Je ne sais pas pour qui vous prenez cette maison... Elle est honnête, entendez-vous ? et je ne souffrirai pas ça.

EMMA.

Il le faudra bien.

NIGOLO.

Ah ça ! ne m'échauffez pas les oreilles : je suis sur la hanche, je vous en avertis ; et ne vous frottez pas à moi.

EMMA, *riant.*

Je n'en ai pas la moindre envie, je vous assure.

NIGOLO.

Encore une fois, voulez-vous me suivre, ou ne le voulez-vous pas ?

EMMA.

Je veux entrer dans la chambre de la prisonnière, et, tant qu'elle y sera, j'y resterai. Je vous salue. (*Elle lui jette la porte sur le nez*).

SCÈNE X.

NIGOLO, *seul, furieux.*

A-T-ON idée de cela ? C'est décent de s'enfermer, comme ça, avec une femme !

COUPLETS.

L'amant sera mal accueilli,
Si la dame est honnête et sage.
Si je m'enfermois chez Polly,
Elle feroit un beau tapage !
Mais celle-ci ne parle pas ;
Ce n'est pas signe de colère.
Ne dire mot en pareil cas,
C'est consentir, la chose est claire,
Et pour quelqu'un d'intelligent,
Cela s'entend.

Mon dieu ! je voudrois pourtant bien
Savoir ce qu'ils peuvent se dire.
Quand écouter ne sert de rien,
Il faut regarder pour s'instruire.
(*Il regarde par la serrure*)
Les gestes d'amans bien épris
En disent plus que la parole.
Mais comment donc s'arrangent-ils ?
Je n'en vois qu'un, c'est assez drôle !
Ah ! pour quelqu'un d'intelligent,
Cela s'entend.

Eh

Eh bien ! ouvrirez-vous donc ? (*Il frappe*). Monsieur ? Monsieur ?

SCÈNE XI.

ENNERICK, NIGOLO.

NIGOLO.

ARRIVEZ donc, gouverneur ; arrivez donc.

ENNERICK.

Qu'est-ce qu'il y a ?

NIGOLO.

Un insolent là-dedans qui se moque de vous et de moi.

ENNERICK.

Comment un insolent ! mais c'est cette dame.

NIGOLO.

Sûrement ; mais l'amoureux y est aussi.

ENNERICK.

Quoi ? buttor ! tu l'as laissé entrer ?

NIGOLO.

Il est, ma foi, bien entré tout seul.

ENNERICK.

Attends, attends ; je vais leur parler ferme. (*Il va à la porte*).

NIGOLO.

Et par où donc ? Ils se sont enfermés.

ENNERICK, *trouvant la porte fermée.*

Qu'est-ce que cela signifie ?

NIGOLO.

Ce que cela signifie ! il est bon là, mon gouverneur ! il ne s'en souvient plus !

ENNERICK.

Laisse-moi faire ; je vais les traiter comme ils le méritent. Frappe.

NIGOLO, *frappant.*

Madame ? Monsieur ? voulez-vous bien ouvrir ? C'est le gouverneur. (*Il frappe tant qu'il peut*).

ENNERICK, *très-lentement.*

Doucement donc... Tu vas tout briser. Que diable !

suis aussi vif qu'un autre ; mais je parviens à modérer la fougue de mon caractère.

NIGOLO.

Eh bien, moi, ce n'est pas de même; je prends feu comme la poudre ; il faut que je sois né dans une salpêtrière. (*Il frappe*). Paroîtrez-vous enfin, Madame ? Je vais enfoncer la porte.

SCÈNE XII.

LES MÊMES, EMMA, *en femme.*

EMMA, *dans la chambre, d'un ton doux.*

Ne m'appellez-vous pas, mon ami ?

NIGOLO.

Et d'une ! Je vais emmener le Monsieur. (*Emma est entrée en scène, pendant ce couplet. Nigolo va dans la chambre sans regarder Emma*).

SCÈNE XIII.

EMMA, ENNERICK.

EMMA.

C'est, sans doute, M. le commandant que j'ai l'honneur de saluer ?

ENNERICK.

Oui, madame, et vous me voyez très-étonné . . .

EMMA.

De l'injustice du sort à mon égard, sans doute ?

ENNERICK.

Non pas, mais...

SCÈNE XIV.

LES MÊMES, NIGOLO.

NIGOLO.

Ah ! mon dieu ! ne v'là-t-il pas qu'il est parti, à cette heure !

ENNERICK.

Parti ! par où ? de quelle manière ?

NIGOLO.

Oh ! ce n'est pas bien fin.

ENNERICK.

Eh bien ! Comment ?

NIGOLO.

Pardine ! mon commandant, je vas vous le dire.

ENNERICK.

Parle donc.

NIGOLO.

Eh bien, il sera sorti comme il est entré !

ENNERICK.

Eh ! comment est-il entré ?

NIGOLO.

Il n'y a que cela que je ne sais pas ; mais, pour le reste, vous pouvez en être sûr... Il se sera, peut-être, coulé derrière moi, pendant que j'étois tout seul. Faut que j'aille savoir au poste si on l'a vu sortir. (*Il sort*).

SCÈNE XV.

EMMA, ENNERICK.

EMMA, *d'un ton réservé.*

Puis-je connoître le sujet de tous ces débats ?

ENNERICK.

Oh ! vous les connoissez mieux que moi.

EMMA.

Que voulez vous dire ?

ENNERICK.

Qu'il est tems de m'apprendre ce que c'est qu'un jeune homme qu'on a vu entrer dans votre chambre ?

EMMA.

Un jeune homme dans ma chambre ! dieu ! quel soupçon !

ENNERICK.

Ce ne sont point de soupçons ; mais...

EMMA.

Un jeune homme ! quelle horreur ! vous ne le croyez pas, M. le commandant ; vous ne le croyez pas...

ENNERICK.

Si fait, parbleu ! et je prétends...

EMMA.

Suis-je assez malheureuse ?

ENNERICK, *à part.*

Je ne la trouve pas aussi gaie qu'on me l'avoit dite.

EMMA.

Ah ! Monsieur ! si vous étiez instruit de l'affreuse situation dans laquelle je me trouve, vous auriez pitié de mes malheurs.

ENNERICK.

Vraiment, elle m'attendrit.

SCÈNE XVI.

LES PRÉCÉDENS, NIGOLO.

NIGOLO.

EH bien ! je n'ai rien trouvé.

EMMA, *à part.*

Prenons garde qu'il ne nous reconnoisse.

ENNERICK.

Je le crois bien. . . Tu ne te corrigeras donc jamais de me faire des contes ? En vérité, je suis bien sot. . .

NIGOLO.

Rien n'est plus vrai. . .

ENNERICK.

Hein ?

NIGOLO.

Que ce que je vous dis.

ENNERICK.

A la bonne heure.

NIGOLO.

Comment ! est-ce que vous croyez ?. . .

ENNERICK.

Ecoute.

NIGOLO, *l'emmenant dans un coin.*

Un peu plus loin. Il ne faut pas qu'elle entende les mesures de rigueur que nous allons prendre contr'elle.

ENNERICK.

Souviens-toi bien de ceci.

NIGOLO.

C'est dit ; je n'y manquerai pas.

ENNERICY.

S'il t'arrive jamais de tenir le moindre propos sur le compte de Madame, je te fais mettre, pendant trois mois, au cachot.

NIGOLO.

Tiens !

ENNERICK.

Maintenant, éclaire-moi. (*Nigolo prend un flambeau, et éclaire Ennerick. Pendant ce tems, Emma ôte sa robe, et la cache sous le coussin du fauteuil*).

EMMA, *seule.*

Cette plaisanterie ne peut me mener à rien ; mais c'est toujours quelque chose que de trouver le moyen de rire en prison.

SCÈNE XVII.

EMMA, NIGOLO.

NIGOLO, *sans voir Emma.*

Est-ce qu'il est fou ? Quand une légion de diables s'en mêleroit, j'ai bien vu ici un jeune homme en uniforme rouge. (*Il pose le flambeau*). Il étoit là. (*Il voit Emma, et recule*). Miséricorde ! le voilà encore.

EMMA.

Eh ! oui.

NIGOLO.

Mais d'où sortez-vous donc ?

EMMA.

De cette chambre.

NIGOLO.

Oh ! pour cette fois, nous allons voir. Gouverneur ? Commandant ? Gouverneur ?

SCÈNE XVIII.

LES MÊMES, POLLY.

POLLY.

AH ! bon dieu ! qu'est-ce que c'est? on diroit que le feu est à la maison.... Un jeune homme ! (*Elle le regarde attentivement*).

NIGOLO.

Qu'est-ce que vous regardez donc tant, mamzelle ? Sortez d'ici ; ce n'est pas vous que j'appelois ; je n'aime pas qu'on vienne me troubler dans l'exercice de mes fonctions... allons... détalez !...

POLLY.

Plus je le considère....

NIGOLO.

Voulez-vous finir ?

POLLY.

Allons, c'est elle !

EMMA, *à part.*

Oui, mais chut !

NIGOLO.

Ah ! vous ne voulez pas sortir ? eh bien, nous allons voir qu'est-ce qui est le plus fort. (*Il va ouvrir la porte pour faire sortir Polly.*)

EMMA.

Ne dites rien, ma chère Polly, et amusez-vous avec moi, de votre jaloux.

POLLY, *à part.*

Excellente idée ! (*haut*) Je ne veux pas sortir, moi.

NIGOLO.

Ah ! Vous ne voulez pas ? (*Il l'entraine vers la porte, mais, en voulant la tirer en dehors, il fait un faux pas, tombe sur le carré, et Polly ferme la porte sur lui*).

NIGOLO, *la tête au guichet.*

A merveille, Mamzelle ! vous jouez déja de ces tours à votre futur ? C'est bon ! c'est beau ! Je vas le dire au gouverneur... Oui, et, pendant ce tems-là... Ah ! mon dieu !

mon dieu! Irai-je? N'irai-je pas!... Quelque parti que je prenne, je tombe d'*Eucarible en Stila*.

TRIO.

NIGOLO, *la tête au guichet.*

Mamzelle? Mamzelle?

EMMA.

Silence.

POLLY.

La bonne-mine!

NIGOLO.

Ecoutez moi.

POLLY.

Mon cher ami, prends patience;
Dans un moment je suis à toi.

EMMA, *d'un ton tendre, à Polly.*

Quels regards! quel sourire aimable!
Je crois, sous les traits de Polly,
Voir l'amour même...

NIGOLO.

Et moi, le diable.

EMMA.

Qu'elle est belle!

POLLY.

Qu'il est joli!

NIGOLO.

Qu'elle est coquette!

EMMA.

Qu'elle flamme
Ses yeux allument dans mon âme!
Profitons d'un instant si doux....
Près de mon cœur approchez vous. (*Elle lui baise la main.*)

NIGOLO.

Parlez donc de plus loin.

EMMA.

Silence.

POLLY, *la main sur le cœur d'Emma.*

Ah! comme il bat!

NIGOLO.

Ecoutez moi.

POLLY.

Mon bon ami, prends patience ;
Dans un instant je suis à toi.

NIGOLO, *frappant.*

Ah ! je perds enfin patience.

EMMA, POLLY.

(*Haut.*) Quel feu brûlant vient m'embrsâer!
(*Bas.*) Il finira par tout briser.
(*Haut.*) Oui pour toujours l'amour m'engage.
(*Bas.*) Voyez le donc : comme il enrage.
(*Haut.*) Ah ! Combien mes sens sont émus !
(*Bas.*) Oh ! pour le coup, il n'y tient plus.

NIGOLO.

C'est bon ! c'est bon ! v'là le commandant (*feignant de le voir*). Vous venez bien à propos.

POLLY.

Qu'allons-nous devenir ?

EMMA.

Niez tout : dites qu'il ment, et moi je me sauve... Ouvrez vite.

SCÈNE XIX.

NIGOLO, POLLY.

NIGOLO.

JE savois bien que je vous ferois ouvrir.

POLLY.

Comment ? est-ce que ?...

NIGOLO.

N'y a pas plus de gouverneur que sur ma main ; c'est une ruse suggérée par la jalousie à l'amour outragé..... Quoi ! perfide ! vous jacassez pendant une heure avec un inconnu ! vous souffrez qu'il vous baise la main... Vous souffrez...

POLLY.

Tiens, je vais t'appaiser d'un seul mot.

NIGOLO.

Eh bien, c'est bon, tu le diras après, mais laisse-moi finir ;

finir ; faut que l'explosion s'achève, vois-tu, ça me resteroit sur l'estomac : vous souffrez qu'il vous dise des douceurs ! vous souffrez qu'il vous.......

POLLY.

Encore une fois, tout ce que tu as vu, n'est qu'un badinage.

NIGOLO.

Ah ! ne badinez pas comme ça, mamzelle. J'ai vu ce que j'ai vu, et j'en ai vu assez pour voir que, si je suis votre mari, il faut que je m'attende à être...

POLLY.

Tourmenté, si tu es jaloux ; aimé, si tu ne l'es pas. Une fois pour toutes, souviens-toi de la leçon que je vais te donner.

RONDEAU.

Mon bon ami, je te conseille
De me croire sans examen :
Quand on m'accuse à tort la veille,
On a raison le lendemain.
Point de jalousie,
Cette frénésie
Fait peur à l'amour ;
Et la femme sage,
Qu'un soupçon outrage,
Se venge à son tour.
Mon bon ami, etc.

Je ne serai point légère,
Et ferai tout pour te plaire,
Quand tu seras mon époux ;
Mais point de soupçon jaloux.
Tendre, douce, bonne et sage,
Dans notre petit ménage
Ton sort sera des plus doux.
Mais, mon ami, je te conseille
De m'en croire, sans examen ;
Quand on m'accuse à tort la veille,
On a raison le lendemain.

NIGOLO.

Allons ! fort bien ! jolie prophétie ! mais ce n'est toujours pas avec ce monsieur de là-dedans, que vous aurez raison demain ; car j'espère bien le pincer aujourd'hui.

SCENE XX.

LES MÊMES, GUSTAVE *en serrurier.*

GUSTAVE.

N'EST-CE pas ici qu'il y a quelque chose à faire ? Mon maître m'a parlé d'un barreau à raccommoder.

NIGOLO.

Oui, c'est à cette fenêtre : mais pourquoi votre maître n'est-il pas venu lui-même ?

GUSTAVE.

Il est malade.

NIGOLO.

Vous vous êtes bien fait attendre.

GUSTAVE.

Je n'ai pu venir plutôt, en vérité.

NIGOLO.

Vous êtes cause qu'il est déja entré un homme par cette fenêtre.

GUSTAVE.

Un homme ! et où est-il ?

NIGOLO.

Pardine ! chez notre prisonnière de ce soir.

GUSTAVE, *à part.*

Juste ciel ! se pourroit-il ? la perfide !

NIGOLO.

Ah ben ! vous prenez ça chaudement toujours ; on voit bien que vous travaillez pour la maison... Allons, raccommodez-nous bien vîte ce barreau ; et moi, je vais chercher main-forte.

GUSTAVE.

Cela sera fait dans un moment ; fiez-vous à moi.

NIGOLO, *à Polly.*

Allons, manzelle, allons ; n'allez-vous pas encore rester seule avec celui-ci ?

POLLY.

Mon dieu ! il a peur de tout le monde.

NIGOLO.

C'est que vous n'avez peur de personne, vous.

SCÈNE XXI.

GUSTAVE, *seul.*

SEROIT-IL vrai ?... Emma pourroit me trahir, quand je brave tout pour la secourir ! un rival seroit près d'elle ! c'est impossible !... C'est à cette fenêtre que je l'ai vue ; sa chambre ne doit pas être loin... J'entends quelqu'un, le cœur me bat.

SCÈNE XXII.

GUSTAVE, EMMA.

GUSTAVE.

DIEUX ! un homme !

EMMA.

Se peut-il ! c'est vous, Gustave ?

GUSTAVE.

Emma !... Ah ! je respire ! Mais pourquoi ces habits ?

EMMA.

J'en ai déja tiré un bon parti pour mon amusement, et j'en veux profiter pour me faire renvoyer d'ici, si l'on s'obstine à s'y méprendre. Mais, à votre tour, comment êtes-vous ici ? que signifie ce déguisement ?

GUSTAVE.

Vous savez, ma chère Emma, que c'est mon oncle qui, profitant de mon absence...

EMMA.

Je m'en doutois.

GUSTAVE.

Averti, à tems, de ses projets, j'ai volé sur vos traces ; et votre gardien, lui-même, m'ayant informé qu'on attendoit un ouvrier, j'en ai pris le costume et les outils, pour m'introduire dans ce château ; et j'espère bien qu'ils serviront à vous arracher d'un séjour si peu fait pour vous.

EMMA, *tendrement.*

Je vous y vois, je le trouve charmant.

Duo.

ENSEMBLE.

Ah ! qu'un regard de ce qu'on aime,
Peut faire oublier de tourmens !
Par l'amour, une prison même
S'embellit pour de vrais amans.

GUSTAVE.

Observons cette fenêtre,
Que je dois racommoder ;
Elle t'offrira, peut-être,
Un moyen de t'évader.
Pour aggrandir ce passage,
Je vais couper un barreau.

EMMA.

Pour qu'on te croye à l'ouvrage,
Fais entendre ton marteau.

GUSTAVE, *frappant.*

Est-ce bien ?

EMMA.

Très-bien, courage.

GUSTAVE.

Est-ce bien ?

EMMA.

Bravo ! Bravo !

GUSTAVE.

Sur cette main si jolie
Un baiser ma douce amie ?

EMMA.

Bien qu'un seul !

GUSTAVE, *après lui avoir baisé la main.*

O volupté !

EMMA.

Oui ; mais le travail s'oublie ;
Le marteau s'est arrêté.

ENSEMBLE.

Ah ! qu'un baiser, etc.

EMMA, *écoutant.*

On vient, je crois. Ah ! prends bien garde !
Devant nos gardiens sois prudent ;
Sur-tout, que ton œil me regarde,
Si tu le peux, moins tendrement.

GUSTAVE, *la regardant avec amour.*

Comme cela ?

EMMA.

Plus froidement.

ENSEMBLE.

Ah ! qu'un regard, etc.

SCÈNE XXIII.

LES MÊMES, ENNERICK, POLLY, NIGOLO.

NIGOLO, *sur l'escalier.*

Vous allez voir, cette fois, si je ne sais ce que je dis.

ENNERICK, *d'un ton sévère.*

Que vois-je ? . . . En effet, tu as raison. Que faites-vous ici, monsieur ? Quel motif peut vous faire introduire secrètement, à cette heure, dans une prison d'Etat ? Vous ne dites mot ? Croyez vous que je ne sache pas à qui je parle ?

NIGOLO.

Oui ?

POLLY, *à part.*

Que dira-t-elle ?

ENNERICK.

Croyez-vous que je ne reconnoisse pas en vous, le neveu du major Christiern, le capitaine Gustave ?

GUSTAVE, *qui avoit le dos tourné, se croyant découvert, au gouverneur.*

Qu'entends-je ! . . . Eh bien ! puisque vous l'avez reconnu, daignez donc le servir.

EMMA, *à part.*

Quelle étourderie !

NIGOLO *prenant Gustave au collet, et le ramenant à l'ouvrage.*

Est-ce que vous êtes fou, mon ami ? mêlez-vous de votre ouvrage, et non de notre conversation. (*Il apperçoit la veste d'uniforme*). Tiens ! tiens ! des habits argentés ! encore un amant, je parie. Tout-à-l'heure, nous ne pouvions pas en trouver un, et, maintenant, en voilà deux : j'ai donc deux fois plus raison que je ne croyois !

ENNERICK.

Qu'es-ce que tout cela signifie ?

GUSTAVE.

Il est inutile de feindre plus long-tems : je suis Gustave.

ENNERICK.

Et ce jeune homme est sans doute votre confident ? Vous aurez tous les deux la bonté de rester ici, jusqu'à ce que votre oncle ait décidé de votre sort. Vous apprendrez qu'on ne se joue pas impunément du gouverneur d'Eklinbourg.

NIGOLO.

Et de son adjudant major.

EMMA, *à part, très-surprise.*

D'Eklinbourg ! ... c'est le nom ! .. Il seroit plaisant ... Essayons. (*Haut à Ennerick*). Eh bien, monsieur, il est tems de vous apprendre à qui vous parlez, et de quel droit je suis ici. Lisez. (*Elle lui remet les papiers du porte-feuille*).

ENNERICK.

Lis-moi cela, Polly.

NIGOLO.

C'est encore quelque cole.

GUSTAVE, *à part.*

Que veut dire ceci ?

POLLY, *lisant.*

» Vu les bons et loyaux services de Frederick Encastern, » capitaine au corps du génie...

EMMA.

C'est moi ; continuez.

POLLY.

» Nous le nommons, par ces présentes, commandant de la » forteresse d'Eklinbourg, dont il dirigera les travaux, d'après » le plan arrêté par le conseil militaire, et dont il se fera remettre les clefs par le vétéran Jacques Ennerick, auquel » nous accordons une pension de retraite, à domicile ».

ENNERICK, *après avoir bien examiné, à part.*

Il n'y a rien à dire à cela.

NIGOLO.

Prenez-vous un adjudant-major, M. le commandant? me v'là tout porté.

EMMA.

Non, M. Nigolo, vous n'êtes pas assez clairvoyant.

ENNERICK.

M. le capitaine! M. le capitaine! vous me voyez désolé.

POLLY, *à part.*

Je n'y suis plus.

GUSTAVE, *à part.*

Je devine.

EMMA.

Vous n'étiez pas obligé de me connoître; n'en parlons plus. A propos, j'ai l'ordre de faire transférer, de suite, les prisonniers: en avez-vous beaucoup?

ENNERICK.

Aucun, Monsieur.

EMMA.

Mais j'ai entendu parler d'une jeune femme...

ENNERICK.

Ah! c'est...

GUSTAVE.

C'est une jeune personne qu'on retient ici contre toute justice.

EMMA, *fièrement.*

Qu'on me l'amène.

ENNERICK.

Va la chercher, Nigolo. (*Nigolo sort*).

SCÈNE XXIV.

LES PRÉCÉDENS, *excepté* NIGOLO.

EMMA.

QUELLE est donc cette prisonnière?

ENNERICK.

Oh! c'est une affaire à part, que je vous expliquerai.

SCÈNE XXV et dernière.

LES MÊMES, NIGOLO.

NIGOLO.

Y a quelque diable incarcéré dans cette maison! v'là la femme qui n'y est plus à présent.

ENNERICK.

Comment donc ?

NIGOLO.

Es-ce que j'en sais quelque chose ? J'ai fait entrer une femme, la v'là fondue ; j'ai mis des sentinelles par-tout, pour qu'il n'entre pas d'homme ; en v'là deux. Les serruriers sont officiers, les prisonniers sont commandans : je deviendrai fou ; c'est sûr.

EMMA, *sévèrement.*

Je ne m'arrange pas de tout cela, M. Ennerick, et, puisque vous ne pouvez me remettre cette prisonnière, j'en suis désolé, mais je me trouve forcé de vous constituer prisonnier vous-même.

POLLY, *bas à Emma.*

Mais, dites-moi donc...

EMMA.

Soyez tranquille.

NIGOLO.

Eh ben ! il ne manqu'roit plus que de voir les commandans prisonniers, à c'tte heure : ce seroit *farce.*

ENNERICK.

Je dois vous observer que je ne suis nullement responsable de cette dame, puisque je n'avois aucun ordre supérieur, pour la retenir.

EMMA

Ah ! vous n'aviez aucun ordre supérieur ?

ENNERICK.

C'est un service que je rendois au major Christiern, en gardant cette jeune personne, que, sans doute, monsieur a fait échapper.

GUSTAVE.

Vous ne savez pas à quoi vous expose une pareille conduite ?

ENNERICK.

Je le sais si bien, que je ne me souciois pas de la recevoir ; et je vous jure que je ne voudrois la retrouver que pour la remettre entre vos mains.

EMMA.

Vous le jurez ?

ENNERICK.

Foi de militaire.

EMMA.

Eh bien, vous allez la voir. (*Elle va au fauteuil et déploye sa robe.*) Connoissez-vous cette robe?

NIGOLO.

Pardi ! c'est celle de notre prisonnière !

EMMA, *se désignant.*

Et voilà sa personne : je suis Emma votre prisonnière !

NIGOLO.

Tiens ? c'est monsieur qu'est madame à présent !

ENNERICK.

Mais ce brevet ?

EMMA.

C'est celui d'un oncle que j'ai perdu récemment. En m'apprenant où j'étois, vous m'avez fourni l'idée qui vient de nous réussir à tous, puisqu'elle nous procure, à moi, la liberté, à vous, l'occasion de me la rendre.

ENNERICK.

Oui sans doute n'en déplaise à Monsieur le major, et, tout-à-l'heure, si cela vous convient ; à moins que vous ne veuilliez faire la nôce au château.

EMMA.

Nous n'en sommes pas encore là ; c'est dans ma famille, où je retourne, que nous traiterons cette question.

POLLY.

Eh bien ! jaloux ?

NIGOLO.

Ah ! pardine ! je comprends : elle ne faisoit que ça : v'lan ! v'lan ! (*Il fait le geste d'ôter et de mettre son habit*). Mon dieu ! comme j'ai été fait !

VAUDEVILLE.

EMMA.

De la liberté le bienfait
M'est rendu dans cette journée ;
Je la reperdrai sans regret,
Dans les liens de l'hyménée.

GUSTAVE.

Et, pour être à l'abri du tour,
Qu'à l'hymen peut jouer son frère,
Gustave confie à l'amour
La garde de la prisonnière.

NIGOLO.

Je vois qu'on a beau surveiller
Femme ou fille qu'on emprisonne,
Si l'amour vient à s'en mêler,
Crac, vous ne trouvez plus personne ;
Et pour ne rien dire de plus,
Avec les trois yeux de Cerbère,
Faudroit les cent gueules d'Argus,
Pour garder cette prisonnière.

POLLY.

Emma de ces lieux va partir,
Je crains qu'on nous en fasse un crime ;
Mais, pour oser la retenir,
Il faut un ordre légitime.
Nous pourrions encor l'arrêter,
Si c'étoit le vœu du parterre,
Et, pour vous la représenter,
Nous garderions la prisonnière.

FIN.

www.ingramcontent.com/pod-product-compliance
Lightning Source LLC
LaVergne TN
LVHW052014160826
845678LV00003B/1048

* 9 7 8 2 3 2 9 6 4 1 7 4 4 *